Inhalt

Wachstum oder Reformen? - Chinas Wirtschaftspolitik im Dilemma

Kernthesen

Beitrag

Fallbeispiele

Weiterführende Literatur

Impressum

Wachstum oder Reformen? - Chinas Wirtschaftspolitik im Dilemma

Robert Reuter

Kernthesen

- Chinas Wirtschaftspolitik befindet sich in der Zwickmühle. Um die privilegierten Schichten zufriedenzustellen, muss die Regierung weiter für Wirtschaftswachstum sorgen.
- Auf unpopuläre Reformen verzichtet die Regierung hingegen weitgehend - und macht ungelöste Probleme damit möglicherweise noch schlimmer.
- Die größten Baustellen sind die hoch verschuldeten Regionalkörperschaften, der

grassierende Schattenbankensektor und der schwache Binnenkonsum.
- Das kürzlich beschlossene Konjunkturprogramm zeigt, dass Peking der alten Strategie den Vorzug gibt - wohl insbesondere, weil die Regierung den Zorn der Boomprofiteure am meisten fürchtet.

Beitrag

Chinas Kapitalismus zeigt Schwächen

Chinas Aufstieg wird in der westlichen Welt noch immer mit einer Mischung aus Bewunderung und Angst verfolgt. Gleichwohl mehren sich die Zeichen, dass die Erfolgsgeschichte des Kapitalismus chinesischer Prägung vorläufig zu Ende geht. So hat sich das Wirtschaftswachstum von seinen früheren, exorbitanten Steigerungsraten längst verabschiedet. Im Rekordjahr 2007 hatte das Wachstum satte 14,2 Prozent betragen, zuletzt wurden nur noch 7,5 Prozent erreicht - die noch dazu fast zur Hälfte durch staatliche Investitionsprogramme zustande kamen.

Chinas Wirtschaftswachstum gründet sich damit immer noch zu fast 50 Prozent auf die 500-Milliarden-

Euro-Geldspritze, die die Regierung der Wirtschaft zum Ausgleich für die Folgen der weltweiten Finanzkrise verabreicht hatte. Diese staatlichen Konjunkturprogramme laufen nun aus, und es zeigt sich, dass weder private Investoren noch der Konsum der Bevölkerung die sich nun auftuenden Finanzierungslöcher auffüllen können. Aus eigener Kraft würde die chinesische Wirtschaft damit auch die zuletzt erreichten 7,5 Prozent wohl nicht mehr schaffen. Volkswirte glauben, dass für ein stabiles Wachstum ein Konjunkturpaket erneut in der Größenordnung von 2008 nötig wäre.

Die starke Abhängigkeit des chinesischen Wirtschaftswunders von staatlichen Investitionen macht klar, dass hier ein Riese auf ziemlich tönernen Füßen unterwegs ist. Chinas Wirtschaft ist, wie es US-Analysten ausdrücken, ein Kredit-Junkie, der immer mehr Geldnachschub braucht, um dann doch nur das gleiche Wachstum zu erzielen. (1), (2), (3)

Die Machthaber in der Zwickmühle

Das bisher investitionsbasierte System müsste zugunsten privatem Konsum und privaten Investitionen umgebaut werden. Genau hier steckt die Pekinger Regierung jedoch in der Zwickmühle, denn die Bevölkerung ist nicht bereit, zugunsten wirtschaftlicher Vernunft auf das bisherigen Leben im Boom zu verzichten. China-Experten sprechen von einem Pakt, den die Machthaber mit der Bevölkerung geschlossen haben. Dieser sieht so aus, dass die Regierung für prosperierendes Wachstum sorgt, und sich das Volk im Gegenzug aus politischen Fragen heraushält. Die Regierung steht damit permanent unter Druck, weil sie in dem Moment, da die Wachstumszahlen zurückgehen, ihren Anteil der Abmachung schuldig bleibt. Dann werden sich die sozialen Unruhen, die schon heute im ganzen Land zu beobachten sind, noch verschärfen. 2011 hatte es fast 200 000 Protestkundgebungen in China gegeben.

Eine weitere Schattenseite der staatlichen Investitionsprogramme, die lange als Zeichen der Stärke Chinas gewertet wurden, ist der Missbrauch der Gelder durch korrupte Lokalregierungen. Obwohl die regionalen Körperschaften völlig überschuldet sind, werden die billig zu bekommenden Gelder in Prestigeprojekte gesteckt, die keiner braucht. Straßen ohne Autos, Häfen, die kein Schiff ansteuert und Einkaufszentren, in denen niemand shoppt, sind die überall anzutreffende Folge dieser Misswirtschaft. (1), (2), (3)

Wachstum vor Reformen

Innerhalb der chinesischen Regierung scheint die Angst vor Unruhen groß genug zu sein, dass man sich derzeit statt um Reformen doch lieber weiter um das Wirtschaftswachstum kümmert. So hat Premier Li Keqiang angekündigt, das Wachstum nicht unter sieben Prozent fallen zu lassen, weil das erklärte Ziel, die Wirtschaftsleistung binnen zwölf Jahren zu verdoppeln, nicht gefährdet werde dürfe. Damit hat sich Peking augenscheinlich für die Strategie Wachstum vor Reformen entschieden. Das unheilvolle System aus staatlichen Investitionen, überschuldeten Regionen, schwachem Binnensektor und einem grassierenden Schattenbanksektor würde damit auf unbestimmte Zeit weitergeführt. (1), (2), (3)

Im Griff der Schattenbanken

China-Experten glauben allerdings ohnehin nicht, dass die Wirtschaftspolitik Pekings echten Spielraum hat, um Missstände zu bekämpfen. Dafür ist der Schattenbankensektor viel zu groß geworden. Außerdem gilt das offizielle Bankensystem Chinas als völlig außer Kontrolle geraten. Rund 50 Prozent der offiziell vergebenen Kredite kommen mittlerweile aus den schwarzen Kanälen der Schattenbanken. Trotz einiger Kontrollbemühungen Pekings wächst der Schattenbankensektor weiter. Solange dieses Treiben andauert, wird Peking die Kontrolle über das

Wirtschaftsgeschehen nicht zurückgewinnen. (5)

Die deutsche Wirtschaft braucht China

Die deutsche Wirtschaft darf sich seit dem Ausbruch der Finanzkrise als Insel der Glückseligen empfinden - und das liegt stark an China. Die Nachfrage aus dem Reich der Mitte nach deutschen Autos, Maschinen und Chemieprodukten ist so groß, dass die schwache Euro-Konjunktur die deutschen Unternehmen bisher fast völlig unberührt lässt. Die jetzt aufkommenden Zweifel am chinesischen Wirtschaftsmodell verheißen für die deutschen Exporteure daher nichts Gutes. Die Firmen verbreiten derzeit allerdings noch Optimismus: Daimler und andere Hersteller sehen das sich abschwächende Wirtschaftswachstum in China als Beleg für die angelaufene Umorientierung hin zu einer konsumgestützten Wirtschaft - was zu einem nachhaltigeren Wachstum führen werde. Allerdings ist es noch ein weiter Weg, bis China vom Exportweltmeister zum Konsumchampion aufsteigen könnte. Derzeit trägt der Binnenkonsum nur 35 Prozent zum Wachstum bei - in den USA sind es 70 Prozent. Dass die Chinesen wenig ausgeben, liegt auch an den fehlenden Sozialnetzen. 50 Prozent der Einkommen wandern darum auf die hohe Kante. (1), (2), (3)

Trends

Westliche Volkswirtschaften berappeln sich

Während China gegen eine weitere Verlangsamung seines Wirtschaftswachstums ankämpft, befinden sich die Ökonomien der USA, Europas und Japans auf Erholungskurs. Deutschland, die Niederlande, Italien und Irland befinden sich derzeit in der Wachstumszone. Sie sorgen dafür, dass die gesamte Eurozone einen Kurs heraus aus der Rezession einschlägt. Wachstumslokomotive auf dem alten Kontinent ist wie gewohnt Deutschland, das im Juni einen Auftragsanstieg um 3,8 Prozent verzeichnen konnte. Auch die Krisenländer Frankreich und Spanien zeigen eine Stabilisierung ihrer Industrieaktivitäten. Noch dynamischer präsentieren sich die Volkswirtschaften der USA, der Schweiz und Großbritanniens. In China hingegen zeichnen die Managerumfragen ein umgekehrtes Bild. (4)

Fallbeispiele

Peking legt neues Reformprogramm auf

Dass sich die Pekinger Regierung an die Pfründe jener Gesellschaftschicht, die vom stetigen Wirtschaftswachstum am meisten profitiert, nicht heranwagt, zeigt das kürzlich beschlossene, neuerliche Konjunkturprogramm. Das neue Paket hat vermutlich lange nicht den Umfang der Maßnahmen von 2008 - die Höhe der Investitionen wurde nicht genannt - folgt aber dem alten bekannten Weg, Gelder für den Ausbau der Infrastruktur bereitzustellen. Diesmal ist es die Eisenbahn, die umfangreich modernisiert werden soll. Insgesamt stehen in diesem Jahr 85 Milliarden Euro für den Bahnbau bereit.

Ferner soll der Export angekurbelt werden. Peking drängt die Zentralbank PBOC dazu, einer weiteren Aufwertung des Renmimbi gegenüber dem US-Dollar entgegenzuarbeiten, um so die Exportpreise niedrig zu halten.

Schon eher nach Reformeifer klingt die Ankündigung Pekings, an der Modernisierung des verschuldeten Bahnsektors auch private Investoren zu beteiligen. (1), (2)

Chinas Exporte ziehen an

Chinas Unternehmen haben im Juli dieses Jahres 5,1 Prozent mehr exportiert als im Vorjahresmonat. Die Importe stiegen im gleichen Zeitraum um fast elf Prozent. Insgesamt wuchs der Außenhandel um 7,8 Prozent. Die Gewinne der staatlichen Unternehmen kletterten von Januar bis Juni um 4,8 Prozent, im Vorjahreszeitraum war hier ein Minus von 10,9 Prozent verzeichnet worden. Der Dienstleistungssektor legte im ersten Halbjahr 2013 um 8,3 Prozent zu, nach 7,8 Prozent im Vorjahr. (6), (7)

Weiterführende Literatur

(1) China bekommt ein neues Konjunkturpaket
aus FAZ.NET, 25.07.2013

(2) China stemmt sich gegen Abschwächung der Wirtschaft
aus Welt online vom 25.07.2013

(3) China auf Entzug Wendepunkt Mit riesigen Summen von billigem Geld hat die Regierung für hohes Wachstum gesorgt -und die Bevölkerung ruhiggestellt. Doch nun kippt das System. Das spüren zunehmend auch deutsche Unternehmen
aus Euro am Sonntag, 03.08.2013, Nr. 31, S. 10 - 12

(4) Die Weltwirtschaft läuft auch ohne China
aus Finanz und Wirtschaft vom 07.08.2013, Seite 18

(5) China stellt Wachstum vor Reformen
aus Finanz und Wirtschaft vom 07.08.2013, Seite 3

(6) Mehr Exporte aus China
aus Finanz und Wirtschaft vom 10.08.2013, Seite 19

(7) China in Zahlen
aus Euro am Sonntag, 03.08.2013, Nr. 31, S. 13

Impressum

Wachstum oder Reformen? - Chinas Wirtschaftspolitik im Dilemma

Bibliografische Information der deutschen Nationalbibliothek

Die Deutsche Nationalbibliothek verzeichnet diese Publikation in der deutschen Nationalbibliografie; detaillierte bibliografische Daten sind im Internet über http://dnb.d-nb.de abrufbar.

ISBN: 978-3-7379-1704-9

© 2015 GBI-Genios Deutsche Wirtschaftsdatenbank GmbH, Freischützstraße 96, 81927 München, www.genios.de

Alle Rechte vorbehalten. Dieses Werk ist einschließlich aller seiner Teile – z.B. Texte, Tabellen und Grafiken - urheberrechtlich geschützt. Jede Verwertung außerhalb der Grenzen des Urheberrechtsgesetzes bedarf der vorherigen Zustimmung des Verlags. Dies gilt insbesondere auch für auszugsweise Nachdrucke, fotomechanische

Vervielfältigungen (Fotokopie/Mikroskopie), Übersetzungen, Auswertungen durch Datenbanken oder ähnliche Einrichtungen und die Einspeicherung und Verarbeitung in elektronischen Systemen.